DATE DUE

FEB 2 6 2018		
JUL 2 5 2019		
SEP 1 8 2019		
		PRINTED IN U.S.A.

Ecosistemas

Humedales

por Nadia Higgins

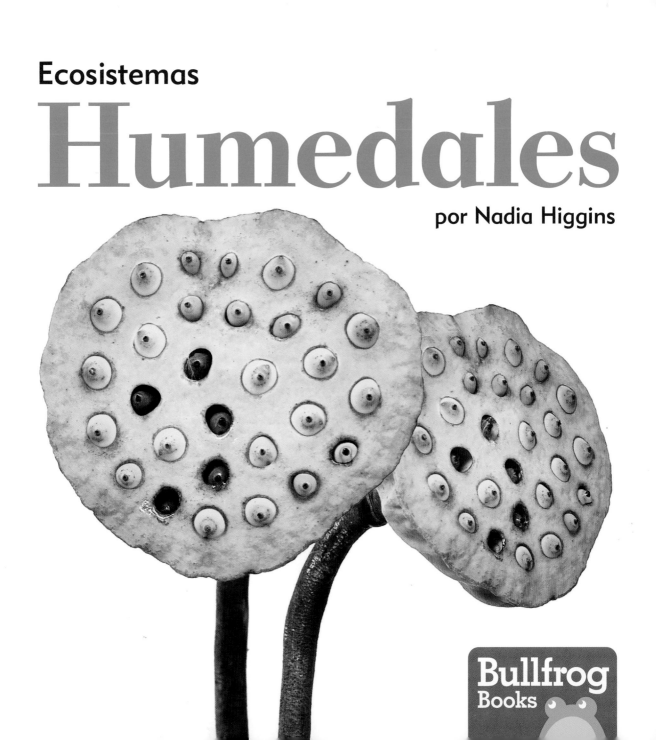

Bullfrog Books

Ideas para padres y maestros

Bullfrog Books permite a los niños practicar la lectura de texto informacional desde el nivel principiante. Repeticiones, palabras conocidas y descripciones en las imágenes ayudan a los lectores principiantes.

Antes de leer

- Hablen acerca de las fotografías. ¿Qué representan para ellos?
- Consulten juntos el glosario de fotografías. Lean las palabras y hablen de ellas.

Durante la lectura

- Hojeen el libro y observen las fotografías. Deje que el niño haga preguntas. Muestre las descripciones en las imágenes.
- Lea el libro al niño, o deje que él o ella lo lea independientemente.

Después de leer

- Anime a que el niño piense más. Pregúntele: ¿Alguna vez has visitado un humedal? ¿Has visto videos o fotografías? ¿Cómo lo describirías?

Bullfrog Books are published by Jump!
5357 Penn Avenue South
Minneapolis, MN 55419
www.jumplibrary.com

Library of Congress Cataloging-in-Publication Data

Names: Higgins, Nadia, author.
Title: Humedales / por Nadia Higgins.
Other titles: Wetlands. Spanish
Description: Minneapolis, MN: Jump!, Inc., [2017]
Series: Ecosistemas | Audience: Ages 5–8.
Audience: K to grade 3. | Includes index.
Description based on print version record and CIP data provided by publisher; resource not viewed.
Identifiers: LCCN 2017009686 (print)
LCCN 2017011260 (ebook)
ISBN 9781624966255 (ebook)
ISBN 9781620318034 (hardcover: alk. paper)
Subjects: LCSH: Wetland ecology—Juvenile literature. | Wetlands—Juvenile literature.
Classification: LCC QH541.5.M3 (ebook)
LCC QH541.5.M3 H5418 2017 (print) | DDC 577.68—dc23
LC record available at https://lccn.loc.gov/2017009686

Editor: Jenny Fretland VanVoorst
Book Designer: Molly Ballanger
Photo Researcher: Molly Ballanger
Translator: RAM Translations

Photo Credits: Alamy: Malcolm Schuyl, 14–15. Getty: Grant Dixon, 10–11; Gary Meszaros, 16. Shutterstock: J. Marquardt, cover; tea maeklong, 1; Robert Eastman, 3; Romrodphoto, 5; Africa Studio, 12; Serg Zastavkin, 13; FloridaStock, 17; Lynn Whitt, 19; GUDKOV ANDREY, 20–21; jpcuadrado, 23tr; Eric Isselee, 23ml; Madlen, 23mr; lazyllama, 23br; Narupon Nimpaiboon, 24. SuperStock: Don Johnston/age fotostock, 4; Minden Pictures, 6–7; Tom Till, 8–9; Rene Krekels/NiS/Minden Pictures, 15; Wolfgang Kaehler, 18–19.

Printed in the United States of America at Corporate Graphics in North Mankato, Minnesota.

Tabla de contenido

Mojado y pastoso

El humedal es un lugar pastoso.

La tierra está empapada.

El agua brilla.

Pero el humedal
no es un lago.

¿Por qué no?

El agua viene y va.

La mayoría de las plantas morirían en este tipo de terreno mojado.

Pero las plantas del humedal no.

¡Ellas lo aman!

Los árboles crecen
en el pantano.

¡Mira!

Le salen las raíces.

Mantienen al árbol
en su lugar.

raíces

Los pastales crecen
en la ciénaga.

12

El musgo crece en el lodazal.

musgo

13

El agua no se mueve.

Los insectos pueden poner sus huevos.

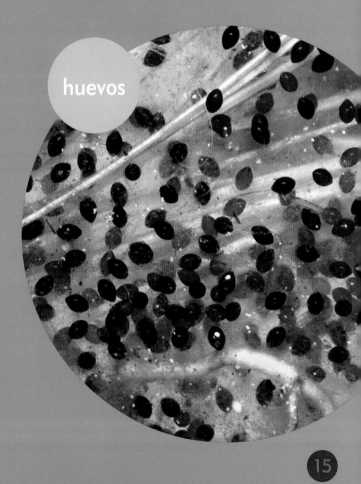

huevos

También las ranas.

Ellas se comen a los insectos.

Después los animales más grandes se las comen a ellas.

Las aves llegan
volando desde lejos.

Construyen sus nidos.

También ponen huevos.

Las aves bebés eclosionarán.

Se unirán a este mundo tan ocupado y empapado.

¿Dónde están los humedales?

Los humedales usualmente están cerca de cuerpos de agua.
Los humedales de la costa están cerca de los océanos.
Los humedales tierra adentro se encuentran cerca de lagos y ríos.

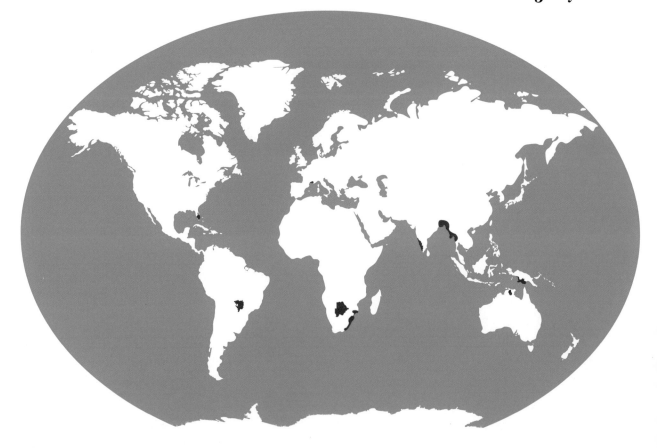

■ áreas de humedales importantes y extendidos

Glosario con fotografías

eclosionar
Nacer de
un huevo.

pantano
Tipo de
humedal donde
en su mayoría
crecen árboles.

insectos
Otra palabra
para bichos.

pastizal
Un tipo de
humedal donde
en su mayoría
crecen pastos.

lodazal
Un tipo de
humedal donde
una capa gruesa
de plantas crece
en el agua.

tierra
Otra palabra
usada para
el suelo.

Índice

Para aprender más

Aprender más es tan fácil como 1, 2, 3.

1) Visite www.factsurfer.com

2) Escriba "humedales" en la caja de búsqueda.

3) Haga clic en el botón "Surf" para obtener una lista de sitios web.

Con factsurfer.com, más información está a solo un clic de distancia.